AF443874

SECRETAN

Margarita García Alonso

"Esa caña rota que perfora tu mano cuando apoyas"

Is. 36,6

I-Futives Notis

de la guerra

Fin de los tiempos,
bautizan con agua contaminada
cien religiosos de cien
religiones distintas

purifican el agua,
posan mano
sobre célula madre
en un delicado programa
de extracción.
En la mina ascienden,
descienden detritus,
se cumple
esta desgracia
que desarticula
como dardo divino.

No han sembrado
bajo eclipse.

El antiguo amanecer
termina.

En la mesa
mendrugo, colilla,
un periódico estrujado,
pocitos de saliva.

Cualquier tiempo mejor
que un estómago pegado
a la columna.

Escapar
por el Estrecho
innombrable.

Pasarán por el huerto.
Pasarán cerca
de las plastas de vaca
pues el roble inclina.

En cualquier lista,
si cae cruz
acaba la búsqueda.

La tijera amellada
ofrece resistencia.

Friccionan whisky
de manera quirúrgica
para hacer el amor.

El hilo de baba
escapa del sexo
descuartizado.

Lleva chapilla
y contraseña caduca.

Si hubiese caído
cerca del bosque
tendría sepultura,
pero la ráfaga curva.

Cuatro perforaciones,
en el pulmón
un cráter de silbidos.

Aunque es muerto
desconocido, la cruz
quedó perfecta.

Huye del muerto,
su nombre no aparece
en ninguna lista.

No te comprometas,
aparece por milagro.

No mates
para servir.

Cinco, seis veces repito:
sé buena, arráncate la lengua.

Siete veces muerdo la piedra,
el polvillo sobre picualas.

Hubiese cambiado
pero quién iba a saber.

El desastre juega con cosas
estúpidamente bellas.

El perro ladra, hunden
cuchillo en la marrana,

el perro se arrastra,

el perro destruye el suelo.

En tres ocasiones cierra ojos.
Hay conejos inatrapables,
de noche, de día.

¿Qué ofrecen
por las conservas?

¿Alcanza el tabaco
para tres?

Los ratones
arrastran
un ala.

Han cortado
la pata de la vaca.

Puentes suspendidos
sobre gases que ascienden.
En las nubes niños
atareados bajo escombro.

Necesitan dedal metálico,
zurzen traje a medida.

El hilillo de piedra
delimita el lindero,
multiplica fenómenos:
las piedras gravitan,
atacan y reconfortan.

Sobre el lino verdoso,
el mensajero.

Azahares pequeños
como pupilas del cielo
en la callejuela.

El lienzo extendido,
roto en la esquina.

La noche falsifica
con silenciosa compasión
esta línea que desciende
como catéter
del pecho
a los pies.

Ahora mismo se balancean
en un espacio indefinido,
se dispersan, se derrotan,
alcanzan el éxtasis.

Esta tarde pruebo maneras.

Irritan
compulsivos
analistas.

El estéril desmoraliza.

Por aquí, por allá
olor a hortencias,
pero prima la fetidez,
hincan pie,
se deslizan
hacia el hedor
de quién sea.

El agujero en la tripa,
el pulmón anegado
en la mansedumbre.

Tampoco quiero sobrevivir,
ví seis generaciones
en el estiércol,
ví desaparecer una revolución,
ví expropiación, charlatanería
pesada como tanque,
ví militares con cuellos de cura
contemplando al infante,
en la cuna lo amoldaban
para que mordiera
y muerde
mi frente.

La mano
deliberadamente inclinada
para que sea ligera,

sobre el papel,
el lápiz cielo.

La muerte tiene fantasías.

Repiten discursos
en bocinas, megáfonos,
discos de platino,
vyniles, cd,
revistas,
papeluchos
y nadie,
absolutamente nadie
mueve la boca.

Por costumbre promocional
usa lenguaje con alianzas.

Hoy dicta tirillas machaconas:
el fin acerca, bauticen fetos
de todas las épocas.

La mujer parió
con tierra en la boca.
El niño era el Salvador.

Tiene experiencia
cuando aprueba el geonema
que señorea en el infierno.

Un minuto antes, nada
perturbaba el fin,
pero "algo" se planta
en el poblado.

El destino arropa
inevitables Causas.

Saca pañuelo
alcoholizado
y el perfume invoca
una situación
todopoderosa
del futuro.

Sé mucho más de lo que cuento,
digiero como una aristócrata
frente a mapas.

Construyo guaridas con mosaicos
de las casas donde duermo.

Destroza el cerrojo,
escondo llave
en el bolsillo.

Mi casa oscura,
mi cama milagrosa.

Abrí piernas y encendí
todas las lámparas.

Podía haber hecho carrera
en otra cuadra de caballos,
pero preferí quedarme
con los sofocados.

Sacrifican al pájaro,
devoran su carne,
la pluma
en raro ritual integra
el espíritu
con cualquier porquería.

En el mercado,
la policía monótona
e indiferente aísla,
las piedras caen
en espiral,
como cáscaras
sobre la gravedad.

Esta noche no hay Paz.

Sobre la mesa cientos
de fetos
terminan por crecer.

Especulan
con cromosomas,
un tijeretazo
y expira.

Nunca antes
la muerte temió.

La noche crece.
En luna llena,
ojo lleno.

Algunos
llevan dentro
al Caballo de Troya.

El jefe de marketing
condena
a cien religiosos
de cien religiones distintas,
al Presidente,
al cirujano,
al estilista,
luego desmantela
al gentío
que se atropella
en el andén.

No hay forma de escapar.

En el patio
niños desdentados,
con aire satisfecho
tiran bolas
mientras el Padre
silba.

La ruina traba la trapa.

Muros de fango,
tres pisos,
en el suelo paja
que devora un pájaro

con el ala
aplasta trigo y niega
todo poder al viento.

Pero fue antes
de que marinara
en la marmita.

El cielo imita
al mar profundo,

tres ventanas
en el granero,

en la izquierda,
los muertos
mueven mecedoras,
en el centro, mi hija
contempla
como recojo desechos

en la escotilla de la derecha,
el chal cae,
cae al suelo y niega
al pájaro y a los muertos.

La casa roja me pertenece,
Malevich ha tapiado la puerta,
definitivamente

ningún sendero conduce a mí,
ninguno me conduce
a estirar cuerdas
para que seque ropa.

En el mismo momento
en que la montaña se niega
a destruir el horizonte,
me opongo a depositar
desperdicios
en el basurero

hay amarillo
como plumas en el suelo,

mi corazón late
sobre fondo aguado,
en los alrededores
la gata desespera.

Letra breve
en mi última guerra.

El verso amputado,
sin egolatría
sobre la mancha
de sangre.

Maldita adormidera.

Me atora
la saliva
del suicida.

Se han hermanado
para ejecutar.

Al contacto del aire
se convierten
en basura.

Mysticae

si revolotea en la izquierda,
viene del infierno.
Si revolotea en la derecha
el ángel trae mensaje.
Si escacha cabeza
es de la fratría.

El pie sobre males de prosistas.

El mar hiela
la rosa de Santa Teresita.

Abuelo toma la playa
y un tópico por asalto.

Entre dientes,
la yerba pierde aroma.

Enciende un cirio
sobre la foto
de esta mañana.

El hábil eleva criaturas,
pone al conejo en órbita
y extiende penumbra,

pero el conejo asombra
con su aura luminosa.

Sombra en cualquier bocina.

Bajo tormenta, la gaviota
dice algo que emparenta.

Memorizo manifiestos
para contrariar.

La mancha de grasa
se zampa la tibieza
con lava eufórica.

Súbita rotura de tela
a escasos
centímetros inesperados.

La fórmula mágica alza aplausos.

Como muchas veces,
frente a la historia
digo cosas horrendas.

Pero no talen el ciprés
aunque me ausente.

En el pizarrón
la Apocalipsis
en femenino,
como cualquier desastre.

Mala época,
el mar salado oxida
el único gene que
identifica a los humanos.

Podría ser cualquiera
en este engranaje,
la tuerca, la rosca,
la perforación,
mas soy la punta
del girómetro
y tengo intención
de hundirme
en la eternidad.

Juzgan la estructura básica,
pero el libro quiebra
con susurro de pez.

En cualquier lugar estaría mejor,
pero estoy aquí y renuncio
cómo puedo.
Lo siento, siento mucho
no relacionarme
con tu película favorita.
Hablan tanto,
sobreexcitan lo que me interesa
pero no pueden entrar,
tengo alergía a las flores secas,
he visto demasiada gente,
no pueden entrar, disculpen,
importa poco que aprueben,

lo que busco es suficiente,
lo que ofrecen no consuela.

Mi libro
nubla
la vista.

Cada letra infecta
al ejército de convicción,
esa organización fulminante
que juega al bridge
en la cabeza.

Mira que tarde
sin escribir poema.

Cuarenta grados en la sombra.

En el Paseo fornican
con griticos,
encienden fuego,
iluminan la avenida

¿quién puede dormir
cuando queman?
queman la cama,
queman los frijoles,
se quema la vecina que duerme
en el suelo mojado,
bajo la ducha,
la punta de los dedos chamuscados,
como si hubiese tocado sexo,
como si hubiese arrancado
pelo del pubis, como si hubiese
desangrado al clítoris
o estuviese girando
en la maldita taponosa
del parque de atracción.
La vecina con los ojos
abiertos pide
entrada en el infierno

pero ha olvidado
la libreta de racionamiento y
no sabe si toca
un pedazo de paraíso,

-pudo haber llegado
a un futuro mejor-

es tiempo
de que la declaren muerta,
justo al mediodía,
en la tarde estará apestando.

Si hubiese conocido la hora
tampoco hubiese salido
a la calle, al menos
extendida en el suelo

mojado del baño
revive el olor
a hombre,

a bombero
bajo cuarenta grados,

tiene tanta testosterona
que cambiaría el aceite
de la cuota por acostarse.

Es su último pensamiento,
igual que un palo sobre el río
se sacude y queda tiesa.

Rompen la ventana,
comienza corretaje,
la suicida busca
la muchacha
que amaba tanto.

Pueden hacer cualquier cosa,
tienen maña, perforan,
arrojan ácido
en el canal del clítoris.
Pueden hacer cualquier cosa,
tienen alfileres.

Soy la madre del feto,
aborté sobre uranio.

Soy la fábrica de necios,
no me nombran
por miedo.

Lluvia tras lluvia,
mastico pétalos
que envenenan.

De la rareza del matorral,
salta un gato con frenesí.

La tristeza desciende
como cascada de nieve,
agujerea serpientes
que renuevan escamas.

En los azahares, tabulaciones
astrales, visiones
que pierden al bosque.

El hacha fulgura sobre helechos.

El Hombre lleva ruido ambiente.

Por aquí pasan los pájaros
que equivocan ruta.

Interrumpen la quietud de Europa,
experimentan Hombre
con barro contaminado.

El arma asegura a la especie.

El ciervo bajo micción del cielo,
sobre el musgo,
con la pata maltrecha.

Termina la nevada
pero deambulan
ovejas blanquísimas
en mi libreta.

II-Placebo

en intermedios

En la lejana Indochina
visita el Templo del Mono.
En Japón agradece al Emperador.

En breve devolverá luna y sal
a la existencia del perro.

Lengüetea al can
que defeca
donde cabecea
la vaca.

Con arcilla de pantano
ha tejido aureola
que cae
como calcetín de lana
y levanta el sabor
cansón del tamarindo.

En traje gris rarísimo,
sin Odisea,
sin partirse en dos
escupe larvas
frente a fregonas
que adornan
arbolitos con tinta
de cereza.

Luis XVI hacía bien el sol
cuando devoraba
las malditas yerbas
que alisan los Alpes.

El viento revolotea
entre cotorras
con culito de pato.

La boca del buzón
romano
fulmina
un Jaque banal
en la madurez.

En ciertas regiones,
la bocaza entreabierta es deuda
de complejidad humana.

Buscan muerto
que haya sufrido poco.

Busco la muerte
entre los elementos
que nadie quiere
prostituir.

En el fango
bajo
veinte centímetros.

Una moneda entre los dedos
para salir del aeropuerto,
sin más resistencia
que el aire de la tarde.

¿Estás loca?, afirma,
perdiste identidad en el exilio.
Luego deposita en mi pelo
una culebra. *Está preñada,*
criará culebrillas de Fe.

La solidez afectiva violenta.

Cuatro décadas
con la mecánica rota,
la luz arriba,
en la salida.

Del vino barato emerge
un verdor irresistible.

La primera helada penetra,
la segunda acuesta castañas
en la callejuela.

Libros pegados
con pasta de diente a
trastos en la cartera.

En estas condiciones,
los perros no tienen
madrugada buena.

Tres veces cambio el sentido
al manuscrito, la coma,
aquel punto malintencionado
son virutas de tabaco.

La blusa flota ligeramente
cubierta de florecillas indias.

El pulso alivia,
cuando pierdo
desdén.

Rozo al doctor
como si tocase cuero
de silla desteñida.

Al principio pagué
ahora devuelvo favor,
estoy muriendo,
reconozco que llevo
tripa en el cuello.

En el tranvía pedí detalles,
cualquier detalle
desbarata al doctor
terriblemente paciente
que firma y observa
el reloj sin minutero.

Depresión, fiebre,
un papel espachurrado
entre el molar y la muela.

Estaría menos hambrienta
si añado agua bendita.

Lo que ocurre intenta poseerme
no sabe en qué sitio meterse,
mira tres veces,
salta al hueco del diente.

A priori,
sin morfina no soportaría
lo que queda por contar.

No es resfriado,
tan sola lloro.

Es bueno que nadie
responda
al mediodía.

Se ha escapado un milagro
del laboratorio,
con poros dilatados y
corteza naranja
se acurruca en mi cama.

Quedan escasas
horas para cerrar
la biografía:
botar cosas,
limpiar teclado,
subir manuscrito
a Amazon,
dedicar Rosario.

En la caja de fósforos
escribo
un texto amoral.

Cae pelo en la blanca
yema del dedo.

El mismo espaviento
escarba un episodio
de humildad.

Remolinos
bajo niebla.

Un saco de patatas
en el cuerpo,
como contrapeso
flota
un pensamiento.

Y no renuncia el sucio.

En la pescadería de la calle 25
la Oca emparienta Delirio
con 265 núcleos.

Mientras, en casa
limpian plato y recalientan
el fufú de la semana.

Tengo 73 y sigo escuchando
que llega el agua,
el agua corre por el pasillo,
fulana vigila a los niños,

en la calle repiten consignas,
repiten sermones gastados.

Han vencido, han pasado
mucho tiempo practicando
habilidades revolucionarias.

Sin autoajuste repiten
lo mismo el padre,
el abuelo,
el bisabuelo

y las viejas,
décadas atrás,
antes de que concluyeran
que la repitición
no trae nada nuevo,

poseían habilidad
matando cucarachas.

¿Hasta dónde llega el
silencio, hasta dónde
te borra el sistema?

El jefe de publicidad
usa puntero
ensangrentado.

Disciplina y Fama
cuecen Nula.

Moscas como
victoria
del quinquenio.

A medianoche
vence el Hambre.

El arrogante
me llama rusa.

Finaliza su tiempo,
finaliza tu tiempo,
finaliza,
finaliza mi tiempo.

Me llevan a trance
esos escritos que lanzan
como si vendiesen
pulseras de protección
de dioses negros.

Cualquier palabra interesante
llega por error.

En este momento me provoco
un ataque de ansiedad,
mírame flaquear,
ocasionalmente quiero
que cuatro poetas me imiten.
Quiero que se autoricen
una buena crisis y tiemblen,
mi escrito alimenta
fieras de laboratorio,
polillas, pulgas, liendras,
gusanos, gorgojos.
Tiene morbo, beben
veneno de suicida.
Estoy aquí, ajena a la
versión patriota
con 90% de descuento.
Ahora mismo pueden
obtenerme por 1.29$
¿Hallarán algo mejor
por menos de dos dólares?
Soy el lado más antiguo de la poesía,
vale la pena,
mientras hablamos
trabajo en un libro
más nuevo y brillante
que una taza en porcelana.
En Amazon, por 0.99 dólar
compra mis poemas,
puedes encontrarte conmigo,
incluso preguntar
¿cómo llegué a esto?
Puedes solicitar que te reintegren
en 48 horas.
Te será devuelto el 0.99 de dólar,
puedes decir que te he estafado,
aunque solo dije que no era caro.
¡Dios mío! ¿Qué he hecho
para que me odien
por menos de dos dólares?
Estoy igual de pobre
que un chino engañado
por Occidente.

Once puntos
pero aquí no estamos
por la tipografía,
busca la fuente.

PUB
Dona los órganos
que quedan sanos/
millones de muertos/
policías raros/
ruinas de la colonización/
minoría maltratada/
propaganda No Mens,
no Girls
No fascista,
No antifascista
medio planeta progre pide
que desaparezca mi iphone,
pero solo muestro textos
para que intentes
conocer
de dónde vengo.

El otro día pregunté,
cómo hago con todo,
pregunté y se ofendieron.

Estoy bastante segura
que fue lo único que hice.

Respondo
con maneras.

Las alondras sobrevuelan
el Nomad Hotel.
La señorita de la recepción
entretiene un camposanto
de pájaros.
Cuando entrega llave piensa
que ningún hombre
me pertenece.

Piensa tan alto que clignota
el letrero del hotel y
las alondras graznan
sin posarse en el veneno
de la barandilla.

Para que no regrese
a ninguna parte,
baja a menos cero,
persiste la ventolera.

En la otra casa fui
un cordero acurrucado
en la respiración
de mis padres,

miles de millas
hacia el oeste
a través de ásperas rocas,
diviso tierra.

Puedo hundirme
en el mangle,
pero me angustian
las cosas
que hacía antes

bajo el techo
carcomido
por comejenes
y estrellas.

Confundida
frente
al cajero
automático.

La crisis de identidad dura horas,
no estoy en ninguna parte,
pero en la librería
encuentro lengua.

Como alguien que gasta dinero
en otro idioma,
recito un texto,

-de no sé,
quién famoso-

En el litoral pongo pie,
fracturo la luz
para que el temor
desaparezca.

III-Notas intimam

al final

En la madrugada
desangra al pájaro y
sacude ala
como si fuese
un sucio disfraz.

El ojo trina
la contraseña.

La rosa saliva.

El rocío de madrugada
viene de adentro.

En los dedos arenilla,
arenilla en el cuerpo,
en la puerta arenilla,
arenilla en los dientes,
bajo la mesa
en modo impreciso,
sin definir el sendero
la potente linterna
perfora a las ovejas.

Cada vez que cae una manzana,
mi abuela proyecta
un finísimo holograma.

En el faro
pido comida
con la boca abierta.

Agua de alcantarilla,
de rocío, de llovizna,
flujo, evaporación, remanso,
agua del estanque
donde mi madre expulsó
aletas azules,
donde parí a mi hija.

Agua bendita
que lava a mi niña.

Un elefante
sobre cacharrería,
bajo la pata, el ratón
estremece la entrelínea.

La oveja se desprende
del acantilado
tras días de tormenta.

Mas importa
el anuncio: veinte euros
con derecho a desayuno.

Del banco al motel
sin hacer gesto
que pueda ser interpretado
-nadie fía si traduce.

La puta pasa la noche
bajo pinitos encartonados
que cuelgan de retrovisores.

Antes entrega llave,
quiere que cambie sábana,
no soporta aptitud
desafiante- dice:

una vez conocí
a alguien parecido,
mencionaba a los pájaros
en pleno invierno,
recuerdo el trino
cuando rozo tu mano.

Líneas desordenadas,
en medio de la Gran Causa:
terminar el día.

El controlador del Tales se tambalea
como si hubiese roto la noche
escarba el borde
plateado de la carpeta

pero tengo suerte,
el hombre que perdió a su padre
en la última hora del atardecer,
me regaló su boleto.

Tengo butaca de muerto,

al revés del sentido
del viaje
escribo el mejor texto
de mi vida
sobre un pedazo
de papel que envuelve
queso y pan de ayer.

Con la primera luz,
agua de alero,
musgo, hongos,
escarcha

froto creolina
para que esto y lo otro
se conviertan en sagrado.

No hay testigos
cuando hunde el pie
en mi pie.

No es para tanto,
pero corta
la hoja filosa
en la que mean
los perros.

Por lo mínimo,
sal en la calle,
sal come nieve.

La tempestad extiende
capa helada.
Solo queda mi vecina.
Su pelo naranja
encaja perfectamente
en el barrio de ladrillos.

La monja tibetana
calcula facturas
para productos
que no usa.

Vecina, naranja,
monja tibetana:

la poesía es
una profunda
abstracción.

De tiempo en tiempo:
 "despierta,
despierta, niña".

El quinto regimiento de poetas
explota el recital in memoria
de la moribunda.

Grado de sinceridad: turututú
grado de bondad: sin ojo,
por supuesto, aleluya,
chanchan
blin blin, doble coma,
bling bling.

Apunta a mi frente.
En la chaqueta ha grabado
un nombre absurdo
como si los padres
le hubiesen detestado.
Tiene algo siniestro
cuando arruga la nariz,
nada conmigo,
solo me mata porque piso
suelo.

Soy la difunta del pueblo.
Los perros se arrastran
en la torcida costa
y no está bien partir
sin haber escrito
un ensayo de historia.

Si cubren la herida
-solicita el adolescente-
si el asesino se desplaza,
un trozo de azul mediodía
bordea la sangre y
queda mejor la selfie.

Alguien canta un aria
renacentista,
huele a humano.

Debí aprender vileza
pero estoy lista,
hubiese preferido en invierno
pero caigo en primavera,
quizás escape
si el pájaro
revolotea.

Durante el invierno
naranja tras naranja.

El más allá -glin glin gluc-
se ahoga en el laboratorio
de resonancia magnética.

Me han obligado
a beber tinta,
siempre quise
tener un libro dentro.

Con el pie hinchado,
el talón parece falso,
cubierto de estrías detiene
a la perra que desaparece
entre autos.

La tos de cigarrillo sin filtro,
mezcla nieve con carbón
de infancia.

Tal vez llega el momento
de abortarme.

Soy aquel feto
irreconocible
sobre uranio.

Esposé a un pájaro
aspirado con ruido
metálico por la chimenea

cosa grande, aspiro
el traca traca
del teclado,

veinte y cinco
palabras repetidas,
conforman la revelación,

la luz se extiende
hasta el arbusto
donde el vagabundo
sobrevive a la nevada,
duerme sobre latas,
bajo el árbol arruinado,
en trapos sucios.

La caída de una migaja
ensordece a la familia.
Si la gata estuviese
se escondería,
pero cuesta levantarse.
En el alero nidos,
las gaviotas graznan
una canción de cuna,
para mí.

Sin aliento,
la abeja pulsa el corazón
hacia la montaña,
sagrada patria, duna,
casa con cinco
lenguas furiosas
destruyendo al centeno.

Polvo sobre la masa de pan,
panes redondos acercan
soledades y soldados.
Es el fin de los tiempos,
comienza mi último viaje:
la inútil identidad transporta
un gavilán que huele a pescado.

Inocente luz en el rostro,
la luz viene a llevarme,
no quiero saber
si al exilio o a la eternidad.

Tengo la lengua enroscada
en el grano celeste.

Mi visión se reduce
a un punto estático,
a cabeza de puntilla,
en el corazón del leño.

Quién arribe primero
que encienda
otro amanecer.

Futives Notis
de la guerra

Placebo
en intermedios

Notas intimam
al final

Estructura:

Margarita García Alonso, poeta, periodista y artista visual. Nació en Matanzas, Cuba, 1959. Vive desde 1992 en Normandía. Es la madre de Laura.